KEDA BLACK
FOTOS VON DEIRDRE ROONEY
UND PIERRE JAVELLE

SUPER EINFACH

KOCHEN MIT 3 - 6 ZUTATEN

PREISWERT KOCHEN

Librero

Inhaltsverzeichnis

VORSPEISEN

Caprese mit Avocado 1
Taboulé 2
Geraspelte Karotten 3
Sardinenbutter 4
Makrelen-Brotaufstrich 5
Hummus 6
Gazpacho 7
Super-Salsa für Nachos 8

FRÜHSTÜCK UND ZWISCHENMAHLZEITEN

Feinschmecker-Porridge 9
Arme Ritter 10
Apfel-Croissant 11
Lassi mit Bananen und Erdbeeren 12
Flapjacks 13
Scones 14
Brownies 15
Cookies 16
Crêpes 17
Butterbrot mit Erdbeeren 18
Crumpets mit Apfel und Schinken 19

MITTAG- UND ABENDESSEN

Steak mit Blauschimmelkäse 20
Hühnerfilet mit Senf 21
Putenfilet mit Avocado 22
Panierter Fisch 23
Fisch „Tahiti" 24
Grünes Curry mit Fisch 25
Omelett 26
Express-Kartoffeln 27
Schnelles Gratin Dauphinois 28
Korallensuppe 29
Club-Sandwich 30
Burger nach Art des Hauses 31
Supersalat mit Hühnchen 32
Crumble mit Zucchini 33

NUDELN

Express-Spaghetti 34
Rigatoni mit Zitrone 35
Tagliatelle Carbonara 36
Nudeln mit Rucola 37
Vollkornnudelsalat 38

Orecchiette mit Tomaten 39
Fusilli mit Pesto 40
Spaghetti mit Joghurt 41
Penne mit Anchovis 42
Orecchiette mit Brokkoli und Blauschimmelkäse 43
Penne mit Thunfisch 44
Spaghetti mit Ziegenkäse und Oliven 45
Makkaroni mit Käse 46

DESSERT

Bananensplit 47
Vanilleeis Spezial 48
Mont Blanc-Splitter 49
Pudding mit Panettone 50
Schokokuchen ohne Backen 51
Zitronenschnitte 52
Milchgrieß 53
Clafoutis 54
Falscher Käsekuchen 55
Teekuchen 56
Apfel-Crumble 57
Kuchen – supereinfach 58
Obstkuchen 59
Knickerbocker Glory 60
Mess 61
Obst-Trifle 62
Jamaika-Trifle 63

OBST

Flambierte Banane 64
Gebackene Früchte 65
Bratäpfel 66
Birne Helene 67
Falsches Eis 68
Zitrusfruchtsalat 69

Caprese mit Avocado

In 15 Minuten vorbereitet
30 Minuten Ruhezeit

Ohne Kochen oder Backen

Für 2 Personen

Büffelmozzarella
x 2 Kugeln

Tomaten
× 2

Zitrone
× 1

Basilikum
ein paar Blätter

Avocado
× 1

Olivenöl
1 Schuss

- Das Basilikum waschen und Blätter abzupfen. Den Mozzarella abtropfen lassen und in Scheiben schneiden. Die Tomaten waschen und in Scheiben schneiden. Die Avocado schälen, mit ein wenig Zitronensaft beträufeln und in Scheiben schneiden.
- Die Mozzarella-, Tomaten- und Avocadoscheiben abwechselnd auf einem Teller anrichten.
- Ein wenig Olivenöl darübergießen. Salzen, pfeffern und mit den gezupften Basilikumblättern bestreuen. Den Salat vor dem Servieren 30 Minuten marinieren lassen.

Taboulé

Bulgur
40 g

Frühlingszwiebeln
× 2

Gurke
× 1/4

Zitrone
× 1

glatte Petersilie
x 1 Bund

Olivenöl
2 Esslöffel

In 30 Minuten vorbereitet

Ohne Kochen oder Backen

Für 2 Personen

- Den Bulgur in eine große Schale geben und 200 ml kochendes Wasser darübergießen. Mit einem Teller abdecken und 30 Minuten quellen lassen.
- Die Petersilie spülen, trocknen und die Blätter abzupfen. Mit den Zwiebeln hacken. Die Gurke schälen und in kleine Würfel schneiden. Die Zitrone pressen.
- Den Bulgur gegebenenfalls abtropfen lassen (möglicherweise hat er das ganze Wasser aufgenommen). In eine große Schale geben. Petersilie, Zwiebeln, Zitronensaft und Öl hinzugeben. Pfeffern und vermischen.

Geraspelte Karotten

In 20 Minuten vorbereitet

Ohne Kochen oder Backen

Für 2 Personen

Karotten
× 4

Zitrone
× 1

Orange
× 1

grüner Apfel
× ¼

Olivenöl
2 Esslöffel

Senf
1 Teelöffel

- Die Zitrone und die Orange auspressen. Die Karotten säubern und schälen. Die Enden abschneiden. Den Apfel schälen und entkernen.
- Die Karotten und den Apfel raspeln und in eine große Schale geben.
- Ein paar Tropfen Zitronen- und Orangensaft, das Öl, den Senf, Salz und Pfeffer hinzugeben. Gut mischen.

Sardinenbutter

In 10 Minuten vorbereitet

Ohne Kochen oder Backen

Für 2 Personen

Ölsardinen
x 1 Dose

Zitrone
x 1

Butter
15 g

Tabasco®
ein paar Tropfen

- Die Butter 1 Stunde vor der Zubereitung aus dem Kühlschrank nehmen, damit sie weich ist. Die Zitrone waschen und Zesten abschaben, anschließend pressen.
- Die Sardinen zusammen mit der Butter mit einer Gabel zerquetschen.
- Ein paar Tropfen Tabasco®, etwas Zitronensaft und die Zesten hinzugeben. Mit Brot oder rohem Gemüse servieren.

Makrelen-Brotaufstrich

In 10 Minuten vorbereitet

Ohne Kochen oder Backen

Für 2 Personen

geräucherte Makrele
x 1 Filet

Quark
125 g

Zitrone
× 1

Brot
ein paar Scheiben

Schnittlauch
ein paar Stängel

- Den Schnittlauch hacken. Die Zitrone waschen, Zesten abschaben, anschließend pressen.
- Die Makrelen und den Quark mit einer Gabel zerquetschen und vermengen.
- Etwas Zitronensaft, den Schnittlauch und die Zesten hinzugeben.
- Vermischen und auf ein frisches oder geröstetes Brot legen.

Hummus

6

In 15 Minuten vorbereitet

Ohne Kochen oder Backen

Für 6 Personen

Kichererbsen in der Dose
265 g

Zitrone
× 1

Erdnussbutter
1 Esslöffel

Koriander
ein paar Blätter

Knoblauch
x 1 Zehe

Olivenöl
3 Esslöffel

- Die Kichererbsen abtropfen lassen und ein wenig von der Flüssigkeit auffangen. Die Zitrone waschen und einen halben Teelöffel Zesten davon abschaben, anschließend pressen.
- Den Knoblauch mit dem flachen Messer quetschen, schälen und sehr fein schneiden. Die Kichererbsen mit der Erdnussbutter, dem Öl, den Zesten, dem Knoblauch und einem Teelöffel Zitronensaft zerquetschen.
- Die zurückbehaltene Flüssigkeit hinzugeben, falls das Ganze sehr trocken ist. In eine Schale geben und mit gehackten Korianderblättern bestreuen.

Gazpacho

In 20 Minuten vorbereitet

Ohne Kochen oder Backen

Für 2 Personen

Tomaten
× 6

rote Paprika
× 1

Zwiebel
× 1

Croûtons
× 12

Gurke
× 1

Olivenöl
3 Esslöffel

- Die Tomaten 30 Sekunden in einen Topf mit heißem Wasser geben.
- Die Zwiebel, die Gurke und die Tomaten schälen und in Stücke schneiden. Die Kerne und die weißen Teile der Paprika entfernen und die Paprika dann in Stücke schneiden.
- Das Ganze in einem Mixer vermischen. Öl, Salz, Pfeffer und gegebenenfalls Wasser hinzufügen. In den Kühlschrank stellen. Mit Croûtons und Eiswürfeln servieren.

Super-Salsa für Nachos

Tomaten
x 6

Frühlingszwiebeln
x 1

Peperoni
x 1

Koriander
x ½ Bund

grüne Zitrone
x 1

Mango
x 1

Vorbereitet in 15 Minuten

Ohne Kochen oder Backen

Für 6 Personen

- Die Tomaten in sehr kleine Würfel schneiden. Die Peperoni halbieren, die Kerne entfernen und in sehr kleine Stücke schneiden. Die Zwiebel schälen und sehr fein hacken. Die Zitrone pressen. Den Koriander spülen, abtropfen lassen und hacken. Die Mango schälen und in kleine Würfel schneiden.
- Tomaten, Zwiebel, Mango und Koriander mischen. Salzen und pfeffern.
- Ein wenig Peperoni und den Saft der grünen Zitrone hinzufügen und vermischen. Abschmecken und bei Bedarf Zitronensaft und Peperoni hinzufügen.

Feinschmecker-Porridge

In 10 Minuten vorbereitet

10 Minuten Kochzeit

Für 2 Personen

Milch
400 ml

Haferflocken
100 g

Datteln
× 4

Crème fraîche
2 Esslöffel

Honig
1 Esslöffel

- Die Datteln entkernen und der Länge nach halbieren.
- Die Haferflocken in einen Topf geben. Die Milch, 100 ml Wasser, eine Prise Salz und die Datteln hinzufügen.
- Zum Kochen bringen und dann die Hitze zurückdrehen, umrühren und kochen lassen, bis das Porridge eine feste Konsistenz annimmt. Honig und Crème fraîche hinzufügen.

Arme Ritter

In 15 Minuten vorbereitet

10 Minuten Kochzeit

Für 2 Personen

Milch
80 ml

Eier
× 2

Zucker
1 Teelöffel

altes Brot
x 4 Scheiben

Butter
15 g

Zimtpulver
1 Prise

- Die Eier und die Milch in einer großen Schale aufschlagen. Eine Prise Salz und den Zucker hinzugeben.
- Die Butter in einem Topf bei mittlerer Hitze erhitzen. Die Brotscheiben in die Mischung aus Milch und Eiern tauchen, dann in die angeheizte Pfanne geben. Auf jeder Seite goldbraun werden lassen.
- Mit Zimt und ein wenig Zucker oder mit Früchten servieren.

11

Apfel-Croissant

In 30 Minuten vorbereitet

15 Minuten Kochzeit

Für 1 Person

Croissant
× 1

Apfel
x 1 klein

Butter
15 g

Zucker
1 Esslöffel

- Den Apfel schälen und in Scheiben schneiden.
- Die Butter in einem kleinen Topf schmelzen. Den Apfel hinzufügen und von beiden Seiten bei geringer Hitze braten. Wenn er weich ist, den Zucker hinzufügen und die Hitze erhöhen, damit er leicht karamellisiert.
- Den Grill des Ofens vorheizen. Das Croissant unter dem Grill ein paar Minuten aufwärmen.
- Halbieren, mit dem Apfel füllen und den Bratsaft darübergießen.

12

Lassi mit Bananen und Erdbeeren

In 5 Minuten vorbereitet

Ohne Kochen oder Backen

Für 2 Personen

Banane
× 1

Naturjoghurt
× 2 Becher

Zitrone
× ½

Basilikum
x 4 Blätter

frische Erdbeeren
250 g

- ○ Die Erdbeeren waschen, entstielen und in Stücke schneiden.
- ○ Die Banane schälen und in Scheiben schneiden.
- ○ Die Basilikumblätter waschen und trocknen. Die Zitrone pressen.
- ○ Die Früchte mit dem Joghurt, dem Basilikum und ein wenig Zitronensaft in einem Mixer mischen.

Flapjacks

In 20 Minuten vorbereitet

20 Minuten Backzeit

Für 10 Flapjacks

Haferflocken
200 g

Nüsse
25 g

Honig
1 Esslöffel

Rosinen
75 g

Butter
125 g

Zucker
3 Esslöffel

- Den Ofen auf 180 °C vorheizen. Eine nicht zu tiefe Form mit einem Durchmesser von 20 cm einfetten.
- Die restliche Butter, den Zucker und den Honig in einem kleinen Topf bei geringer Hitze schmelzen. Die Haferflocken, die Rosinen und die Nüsse hinzugeben, dann vermischen.
- In die Form gießen und mit einem Löffel verstreichen. Für 20 Minuten in den Ofen geben.
- Den Flapjack in der Form in Quadrate schneiden, solange er noch warm ist. Abkühlen lassen und dann aus der Form nehmen.

Scones

In 25 Minuten vorbereitet

15 Minuten Backzeit

Für 6 – 8 Scones

Mehl
300 g

Backpulver
1½ Teelöffel

Zucker
1 Esslöffel

Milch
150 ml

Butter
50 g

Ei
× 1

○ Den Ofen auf 220 °C vorheizen. Mehl, Backpulver, Zucker und eine gute Prise Salz in eine Schüssel geben. Gut vermischen.

○ Die in Würfel geschnittene Butter hinzufügen und mit den Fingern mit dem Mehl vermengen. Das Ei und die Milch hinzufügen und dann mischen.

○ Eine Teigkugel formen. Mit der Hand auf 2,5 cm Dicke drücken und dann mit einem eingemehlten Glas Scheiben ausstechen.

○ Auf ein Backblech setzen und 12 – 15 Minuten in den Ofen geben.

Brownies

In 25 Minuten vorbereitet

30 Minuten Backzeit

Für 12 Brownies

dunkle Schokolade
200 g

Butter
250 g

Zucker
250 g

Mehl
60 g

Eier
× 3

Backpulver
½ Teelöffel

- Den Ofen auf 180 °C vorheizen. Die Schokolade und die in Stücke geschnittene Butter im Wasserbad schmelzen. Vom Ofen nehmen, umrühren, Zucker und Eier hinzufügen.
- Das Mehl und das Backpulver sieben, 1 Prise Salz hinzufügen. Das Ganze in die Zubereitung einarbeiten.
- In eine viereckige Form mit 24 cm Durchmesser gießen, die Oberfläche glätten und 30 Minuten in den Ofen geben. Der Kern muss noch ein wenig weich sein, wenn die Brownies aus dem Ofen kommen.

16

Cookies

In 10 Minuten vorbereitet

10 Minuten Backzeit

Für 10 – 12 Cookies

Rohrzucker
150 g

gesalzene Butter
110 g

Eier
× 2

Backpulver
½ Teelöffel

Mehl
180 g

dunkle Schokolade
200 g

- Die Butter 1 Stunde vor der Zubereitung aus dem Kühlschrank nehmen, damit sie weich ist.
- Den Ofen auf 190 °C vorheizen. Die Schokolade in große Stücke brechen. Mehl, Zucker und Backpulver in einer großen Schale mischen. Die Butter und die Eier hinzufügen, mischen und dann zur Schokolade hinzufügen.
- Teighäufchen auf eine mit Backpapier belegte Platte setzen. Für 7 – 10 Minuten in den Ofen geben (abhängig von der Dicke der Cookies). Sie dürfen nicht goldgelb werden, sondern müssen nur gerade durch sein (sie ziehen beim Abkühlen ein).

Crêpes

In 10 Minuten vorbereitet
4 Stunden Ruhezeit

25 Minuten Backzeit

Für 10 Crêpes

Mehl
300 g

Eier
× 3

Milch
250 ml

Butter
80 g

- Das Mehl, eine Prise Salz und die Eier vermischen und dann die Milch und 100 ml Wasser hinzugießen. Gut aufschlagen. 4 Stunden ruhen lassen.
- Die Hälfte der Butter in einer Pfanne schmelzen. In den Teig gießen und umrühren.
- Einen Schöpflöffel Teig in die Pfanne gießen und durch Schwenken verteilen. Wenn die Unterseite durchgebacken aussieht, den Crêpe mit einem Pfannenwender umdrehen. 1 Minute backen lassen und dann auf einen Teller geben. Zwischen jedem Crêpe ein wenig Butter in die Pfanne geben.

Butterbrot mit Erdbeeren

In 10 Minuten vorbereitet

Ohne Kochen oder Backen

Für 1 Person

Brot
x 1 dicke Scheibe

frische Erdbeeren
125 g

Rohrzucker
1 Esslöffel

Minze
ein paar Blätter

Butter
x 1 nussgroßes Stück

- Die Erdbeeren waschen, entstielen und in Stücke schneiden. Die Minze waschen und hacken.
- Die Brotscheibe rösten. Mit Butter bestreichen und dann die Erdbeeren darauflegen. Mit Zucker bestreuen.
- Die Früchte leicht mit der Gabel anquetschen. Die Minzblätter darüberstreuen.

Crumpets mit Apfel und Schinken

In 15 Minuten vorbereitet

5 Minuten Backzeit

Für 2 Personen

Crumpets
× 4

Apfel
× 1

roher Schinken
x 2 Scheiben

Comté-Käse
100 g

- Den Apfel schälen, in Viertel schneiden, das Kernhaus entfernen und jedes Viertel in feine Scheiben schneiden. Den Käse in Scheiben schneiden.
- Die Crumpets für ca. 3 Minuten unter dem Grill des Ofens rösten.
- Die Apfelscheiben, den Käse und den Schinken auf die Crumpets legen. Unter den Grill legen, bis der Käse schmilzt und leicht goldgelb wird. Pfeffern.

WINCO
STAINLESS STEEL CHINA

Steak mit Blauschimmelkäse

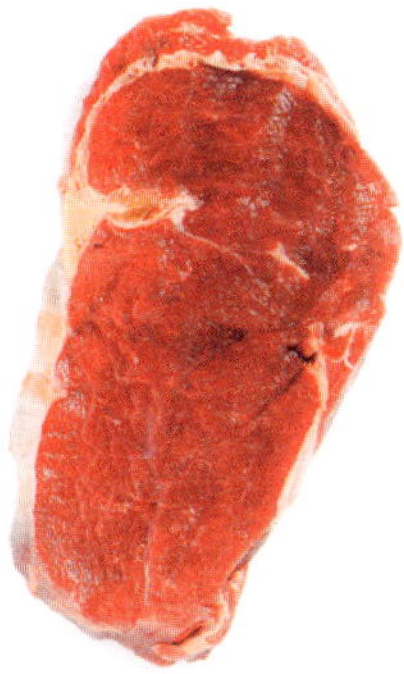

Steaks
× 2

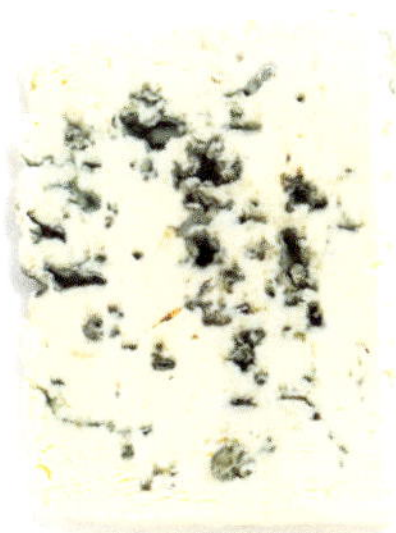

Blauschimmelkäse
100 g

Crème fraîche
150 ml

Olivenöl
2 Esslöffel

In 10 Minuten vorbereitet

5 Minuten Kochzeit

Für 2 Personen

- Das Fleisch mit Öl bepinseln und dann pfeffern. Die Steaks in einer sehr heißen Pfanne bei mittlerer Hitze ca. 2 Minuten (abhängig von der Dicke) auf jeder Seite anbraten.

- Das Fleisch aus der Pfanne nehmen, salzen und mit einem Teller abdecken. Die Pfanne mit Küchenrolle auswischen und wieder auf den Herd (geringe Hitze) geben. Den Blauschimmelkäse und die Crème fraîche leicht schmelzen lassen. Etwas einreduzieren.

- Die Sauce über das Fleisch gießen und beispielsweise mit Pommes frites servieren.

Hühnerfilet mit Senf

Hühnerfilets
× 2

Senf
2 Esslöffel

Crème fraîche
4 Esslöffel

Olivenöl
2 Esslöffel

grüne Bohnen
300 g

In 15 Minuten vorbereitet

10 Minuten Kochzeit

Für 2 Personen

- Die grünen Bohnen 6 – 7 Minuten in Salzwasser kochen lassen. Abtropfen lassen und salzen.
- Das Öl in einer Pfanne bei mittlerer Hitze erwärmen. Die Hühnerfilets in die Pfanne geben und auf einer Seite goldgelb braten, anschließend wenden.
- Die Hitze zurückdrehen, Crème fraîche und Senf hinzufügen, mischen und ca. 10 Minuten braten lassen. Die Garung des Filets mit einer Messerspitze überprüfen: Der herausfließende Saft darf nicht mehr rot sein.
- Mit den grünen Bohnen servieren.

Putenfilet mit Avocado

In 15 Minuten vorbereitet

10 Minuten Kochzeit

Für 2 Personen

Putenfilets
x 2

Avocado
x 1

grüne Zitrone
x 1

Crème fraîche
2 Esslöffel

Tabasco®
ein paar Tropfen

Olivenöl
1 Esslöffel

- Die grüne Zitrone pressen. Die Avocado halbieren, den Kern herausnehmen, die Haut entfernen, in Stücke schneiden und dann mit einer Gabel grob zerquetschen. Etwas Zitronensaft, ein paar Tropfen Tabasco®, Salz und Pfeffer hinzugeben.
- Das Öl in einer Pfanne bei starker Hitze erhitzen. Das Fleisch für 10 Minuten auf beiden Seiten anbraten.
- Wenn es durch ist, die Hitze etwas zurückdrehen und die Avocado und die Crème fraîche hinzugeben. Umrühren und sofort vom Ofen nehmen (die Avocado darf nicht kochen).

Panierter Fisch

Seelachsfilets
x 2

Butter
50 g

Paniermehl
6 Esslöffel

gemischte Kräuter
ein paar Stängel

Zitrone
x 1

In 30 Minuten vorbereitet

15 Minuten Kochzeit

Für 2 Personen

- Den Ofen auf 220 °C vorheizen. Die Kräuter waschen, trocknen und hacken. Die Zitrone waschen, schaben, pressen.
- Die Fischfilets auf ein Backblech legen. Das Paniermehl darüberstreuen, salzen, pfeffern und die Kräuter hinzufügen.
- Die Butter in einem Topf schmelzen. Die Hälfte des Zitronensafts mit den Zesten hinzufügen und über den Fisch gießen.
- Für 10 – 15 Minuten in den Ofen geben (abhängig von der Dicke des Fischs). Der Fisch muss sich mit einer Gabel leicht abheben lassen und dabei fest bleiben.

Fisch „Tahiti"

In 15 Minuten vorbereitet
30 Minuten Ruhezeit

Ohne Kochen oder Backen

Für 2 Personen

Lachsfilet
x 1

Kokosmilch
150 ml

grüne Zitronen
× 2

Karotte
× 1

Gurke
× ¼

Brot
ein paar Scheiben

- 1 grüne Zitrone auspressen. Die Gräten des Fischs entfernen und den Fisch in Würfel schneiden. Auf eine tiefe Platte legen, salzen und pfeffern. Die Kokosmilch und den Saft der grünen Zitrone darübergießen. Vorsichtig mischen.

- Die Gurke und die Karotte schälen und grob raspeln. Mit dem Fisch vermischen.

- Die Marinade abschmecken und gegebenenfalls ein wenig Zitronensaft hinzufügen. 30 Minuten ruhen lassen, bis der Zitronensaft in den Fisch „eingezogen" ist. Mit Brot servieren.

Grünes Curry mit Fisch

In 25 Minuten vorbereitet

15 Minuten Kochzeit

Für 2 Personen

Lachsfilets
x 2

grüne Currypaste
1 Esslöffel

Kokosmilch
300 ml

Tiefkühlspinat
200 g

Koriander
x ½ Bund

Sonnenblumenöl
1 Esslöffel

- Den Fisch in große Stücke schneiden. Öl in einer Pfanne sehr heiß machen und die Currypaste für 30 Sekunden unter Rühren darin anbraten.
- Die Kokosmilch und ein großes Glas Wasser hinzufügen. Zum Kochen bringen. Die Hitze etwas zurückdrehen, sodass die Flüssigkeit leicht siedet.
- Den Fisch und das Gemüse hinzufügen. Abhängig von der Größe der Stücke zwischen 5 und 10 Minuten braten lassen.
- Den Koriander spülen, trocknen und ein paar Blätter über das Curry streuen. Mit Reis servieren.

LE CREUSET

Omelett

Eier
× 6

Butter
20 g

Minze
ein paar Blätter

In 10 Minuten vorbereitet

5 Minuten Kochzeit

Für 2 Personen

- Die Minze hacken. Die Eier in eine große Schüssel schlagen. Kurz vermischen und salzen und pfeffern.
- Die Butter in einer Pfanne bei ausreichender Hitze schmelzen. Über die ganze Fläche verteilen und dann die Eier hinzugeben. Wenn die Ränder durch sind, die Pfanne schwenken und die Eier mit einem Pfannenwender etwas verschieben. Die noch flüssigen Eier in den frei gewordenen Platz laufen lassen, dann die Pfanne wieder auf den Herd setzen.
- Mit der gehackten Minze bestreuen und das Omelett mit dem Pfannenwender falten.

Express-Kartoffeln

In 20 Minuten vorbereitet

8 Minuten Kochzeit (Mikrowelle)

Für 2 Personen

Kartoffeln
x 2 große

gesalzene Butter
nach Belieben

geraspelter Comté-Käse
nach Belieben

- ○ Die Kartoffeln waschen, aber nicht abtrocknen. Mit einem spitzen Messer anstechen.
- ○ In der Mikrowelle für 7 – 8 Minuten garen (oder für ca. 1 Stunde im Ofen bei 190 °C). Die Kartoffeln müssen leicht weich sein, wenn sie mit der Spitze eines Messers angestochen werden, aber nicht vollständig durch.
- ○ Die Kartoffeln in Alufolie einwickeln und 5 Minuten ruhen lassen.
- ○ Die Haut spalten, mit gesalzener Butter, Pfeffer und geraspeltem Comté-Käse garnieren.

Schnelles Gratin Dauphinois

Kartoffeln
500 g

Knoblauch
x 1 Zehe

Butter
x 1 nussgroßes Stück

Kochsahne
300 ml

In 35 Minuten vorbereitet

20 Minuten Backzeit (Mikrowelle)

Für 2 Personen

- Die Knoblauchzehe durchschneiden und mit der Schnittfläche die Innenseite einer Auflaufform ausreiben. Die Kartoffeln schälen und in sehr dünne Scheiben schneiden.
- In die Form legen, nach Belieben leicht salzen und pfeffern. Die Sahne hinzufügen.
- Im Mikrowellenofen für ca. 20 Minuten garen lassen (oder für 1 – 1,5 Stunden im Ofen bei 190 °C). Die Flüssigkeit muss vollständig eingezogen sein, und die Kartoffeln müssen sahnig sein. Die Kochzeit mit 5 – 10 Minuten unter dem Grill des Ofens abschließen.

Korallensuppe

In 10 Minuten vorbereitet

20 Minuten Kochzeit

Für 2 Personen

Korallenlinsen
200 g

Tomatenmark
x 1 kleine Dose

Zwiebel
× 1

Currypulver
2 Teelöffel

Zitrone
× 1

Kokosmilch
100 ml

- Die Linsen in einem Sieb spülen. Die Zwiebel schälen und fein hacken. Die Zitrone pressen.
- Die Linsen und die Zwiebel in einen großen Topf geben. 3 große Gläser Wasser hinzufügen. Zum Kochen bringen und dann ca. 20 Minuten sieden lassen.
- Fast die gesamte Kokosmilch, etwas Zitronensaft, Pfeffer und Salz hinzugeben. Vermischen und für ein paar Sekunden bei sehr schwacher Hitze auf dem Herd erwärmen. Die Suppe mixen (oder nicht) und vor dem Servieren die restliche Kokosmilch hinzugeben.

Club-Sandwich

In 15 Minuten vorbereitet

10 Minuten Kochzeit

Für 2 Personen

Brot
x 4 Scheiben

Avocado
x ½

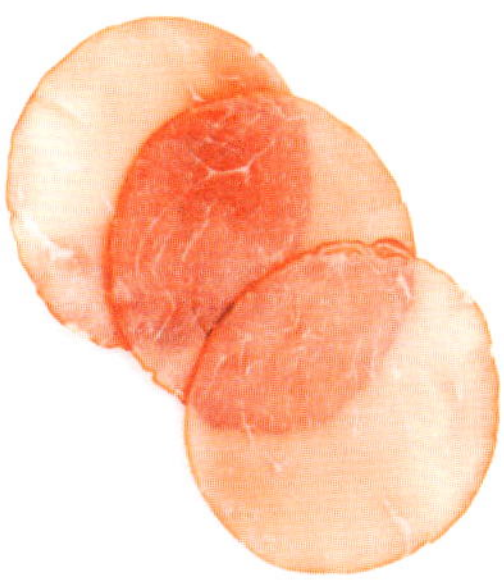

Schinken
x 2 Scheiben

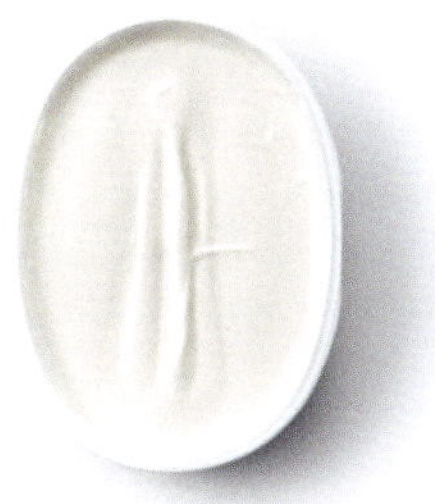

Streichkäse
30 g

Eier
x 2

Worcestershire-Sauce
1 Spritzer

- Die Eier zum Kochen bringen und 6 Minuten leicht wallend sieden lassen. Unter kaltem Wasser abschrecken, schälen und in Hälften schneiden.
- Die Avocado schälen und in Scheiben schneiden. Worcestershire-Sauce darübergießen und mit Frischkäse mischen. Den Schinken in einer Pfanne anbraten.
- 2 Scheiben Brot mit der Mischung aus Käse und Avocado bestreichen. Leicht mit einem Messer andrücken. Etwas Worcestershire-Sauce hinzufügen, dann den Schinken und ein Ei. Mit einer Scheibe Brot abdecken.

Burger nach Art des Hauses

In 15 Minuten vorbereitet

10 Minuten Kochzeit

Für 2 Personen

Burger-Buns
x 2

Hacksteaks
2 x 300 g

Cantal-Käse
x 2 Scheiben

dunkles Bier
1 Esslöffel

Frühlingszwiebeln
x 3

Sonnenblumenöl
2 Esslöffel

- Die Zwiebeln in dünne Scheiben schneiden, 6 Minuten in der Hälfte des Öls anbraten (das Grün aufbewahren). Das Bier hinzufügen und 2 Minuten einreduzieren lassen.
- Die Buns halbieren und unter dem Grill des Ofens rösten. Die Steaks in dem restlichen Öl braten. Vor dem Garen 1 Scheibe Käse auf jedes Steak legen, das Ganze wenden und den Käse leicht schmelzen lassen.
- Die Steaks mit dem Käse auf das geröstete Brot legen, die gebratenen Zwiebeln und das rohe Zwiebelgrün hinzufügen und die Burger schließen.

Supersalat mit Hühnchen

In 30 Minuten vorbereitet

20 Minuten Kochzeit

Für 2 Personen

Kichererbsen in der Dose
265 g

Bulgur
40 g

Hühnerfilet
x 1

Zitrone
x 1

Koriander
x 6 Stiele

Kreuzkümmelsamen
x 1 Prise

- Den Bulgur in einer Schale mit ein wenig Wasser und 200 ml kochendem Wasser quellen lassen. Die Zitrone pressen. Den Koriander hacken.
- Das Filet in Stücke schneiden. Mit 1 Esslöffel Öl für 5 Minuten in einer Pfanne anbraten. Den Kreuzkümmel hinzufügen.
- 3 Esslöffel Olivenöl und 3 Teelöffel Zitronensaft aufschlagen. Salzen und pfeffern.
- Den Bulgur und die abgetropften Kichererbsen, das Huhn und die Vinaigrette mischen. Koriander darüberstreuen.

Crumble mit Zucchini

In 15 Minuten vorbereitet

40 Minuten Kochzeit

Für 2 Personen

Zucchini
x 3

Mehl
150 g

Butter
100 g

Knoblauch
x 1 Zehe

Mandelplättchen
2 Esslöffel

Öl
1 Esslöffel

- Den Grill des Ofens vorheizen. Die Zucchini waschen und der Länge nach in feine Scheiben schneiden. Auf ein Backblech legen, mit Olivenöl übergießen, pfeffern und für 5 Minuten unter den Grill stellen, dann herausnehmen. In Stücke schneiden.
- Den Knoblauch über die Zucchini reiben und mischen.
- Die Butter in Stücke schneiden und in das Mehl geben. Mit den Fingern vermischen, um Streusel zu erhalten. Salzen, pfeffern. Mit den Mandeln mischen und diese Mischung über die Zucchini streuen. Für 30 Minuten bei 180 °C in den Ofen geben.

Express-Spaghetti

In 20 Minuten vorbereitet

10 Minuten Kochzeit

Für 2 Personen

Knoblauch
x 3 Zehen

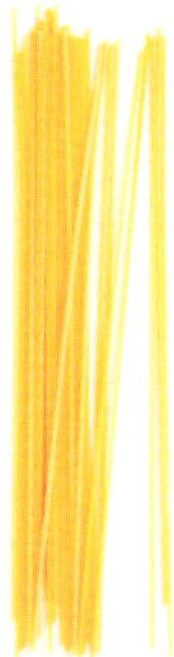

Spaghetti
200 g

Paprikapulver
x 1 große Prise

Olivenöl
4 Esslöffel

- Die Nudeln 10 Minuten in Salzwasser kochen.
- Den Knoblauch schälen und in sehr feine Scheiben schneiden. Die Nudeln abgießen und etwas von dem Kochwasser aufbewahren.
- Den Topf wieder auf den Herd stellen, das Öl hineingießen und erhitzen. Den Knoblauch und das Paprikapulver hinzufügen und anbraten lassen, bis der Knoblauch leicht hellbraun geworden ist.
- Die Nudeln und das zurückbehaltene Kochwasser in den Topf geben. Vorsichtig mischen.

35

Rigatoni mit Zitrone

In 15 Minuten vorbereitet

10 Minuten Kochzeit

Für 2 Personen

Rigatoni
200 g

Butter
50 g

Kochsahne
200 ml

Zitrone
× 1

- Die Nudeln in 2 l Salzwasser so lange kochen lassen, wie auf der Verpackung angegeben.
- Die Zitrone waschen und feine Zesten abschaben, anschließend pressen. Die Nudeln abgießen.
- Die Butter in einer Pfanne bei mittlerer Hitze erhitzen. Die Sahne, die Hälfte des Zitronensafts und die Zesten hinzugeben. Diese Sauce für 2 Minuten sieden lassen.
- Abschmecken und bei Bedarf Zitronensaft hinzufügen. Salzen und pfeffern. Auf die Teller geben und leicht mischen.

Tagliatelle Carbonara

Tagliatelle
200 g

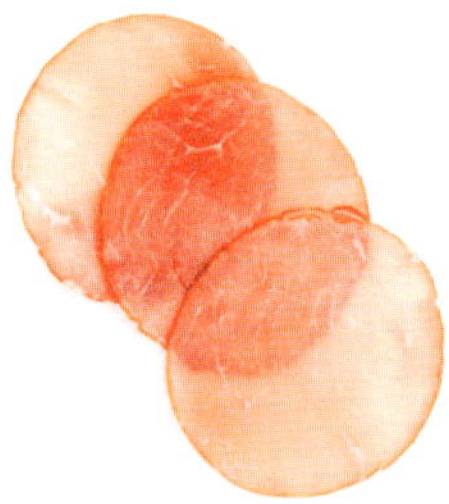

Schinken
x 4 Scheiben

Eier
× 2

Parmesan
50 g

Butter
10 g

In 20 Minuten vorbereitet

10 Minuten Kochzeit

Für 2 Personen

- ○ Den Schinken in Streifen schneiden. Die Butter in einem Topf heiß machen, dann den Schinken hinzufügen, bis er leicht angebraten ist. Auf einen Teller geben.
- ○ 2 l Wasser in einem Topf zum Kochen bringen. Etwas Salz hinzufügen. So lange kochen lassen, wie auf der Verpackung angegeben.
- ○ Den Käse reiben und in einer großen Schale mit den Eiern mischen. Den gekochten Schinken hinzufügen.
- ○ Die Nudeln abgießen, in die Schale geben, mischen und pfeffern.

Nudeln mit Rucola

Vollkornspaghetti
200 g

Rucola
100 g

Olivenöl
3 Esslöffel

Tabasco®
ein paar Tropfen

Parmesan
10 g

In 15 Minuten vorbereitet

10 Minuten Kochzeit

Für 2 Personen

- Die Nudeln in mindestens 2 l kochendem Salzwasser so lange kochen lassen, wie auf der Verpackung angegeben.
- Den Parmesan reiben. Die Nudeln abgießen und etwas von dem Kochwasser aufbewahren.
- Die Nudeln wieder in den Topf geben und den Tabasco®, das zurückbehaltene Kochwasser, das Öl und drei Viertel des Parmesans hinzugeben.
- Den restlichen Käse mit dem Rucola mischen und darüberstreuen.

Vollkornnudelsalat

In 15 Minuten vorbereitet

15 Minuten Kochzeit

Für 2 Personen

Vollkornnudeln
150 g

gemischte Kräuter
x 1 Bund

Zitrone
x ½

Senf
½ Teelöffel

Eier
x 2

Olivenöl
3 Esslöffel

- Die Nudeln nach den Anweisungen auf der Verpackung kochen. Abgießen, Öl hinzugeben und abkühlen lassen.
- Die Kräuter hacken. Die Zitrone pressen.
- Wasser kochen und die Eier für 6 Minuten leicht wallend sieden lassen. Abschrecken und schälen.
- Das restliche Öl, 2 Teelöffel Zitronensaft und den Senf mischen, salzen, pfeffern. Auf die Teller geben und dann die Kräuter hinzugeben. Zum Servieren ein halbiertes geschältes Ei auf jeden Teller legen.

Orecchiette mit Tomaten

In 20 Minuten vorbereitet

10 Minuten Kochzeit

Für 2 Personen

Orecchiette
175 g

Tomaten
250 g

rote Paprika
x 1 kleine

Koriander
ein paar Stängel

getrocknete Tomaten in Öl
x 4

Olivenöl
3 Esslöffel

- Die Nudeln nach den Anweisungen auf der Verpackung kochen. Die Tomaten und die Paprika in sehr kleine Würfel schneiden. Die geschälte Zwiebel, die gewaschenen Kräuter und die getrockneten Tomaten hacken.
- Das ganze Gemüse mischen. Salz, Pfeffer und Olivenöl hinzufügen.
- Das Gemüse mit den warmen Nudeln vermischen.

Fusilli mit Pesto

Fusilli
200 g

Basilikum
x 2 Bunde

Olivenöl
4 Esslöffel

Knoblauch
x 1 Zehe

Pinienkerne
1 Esslöffel

Parmesan
30 g

In 20 Minuten vorbereitet

10 Minuten Kochzeit

Für 2 Personen

- Die Nudeln nach den Anweisungen auf der Verpackung kochen.
- Den Parmesan reiben. Die Basilikumblätter waschen. Den Knoblauch schälen.
- In einer Küchenmaschine (oder einem Mörser) die Basilikumblätter, den Knoblauch, die Pinienkerne und das Olivenöl mixen. Den geriebenen Parmesan hinzugeben.
- Die Nudeln abgießen und mit dem Pesto mischen.

Spaghetti mit Joghurt

Spaghetti
200 g

Tomate
x 1

griechischer Joghurt
x 1 Portion

Olivenöl
ein Schuss

gemischte Kräuter
x 6 Zweige

In 10 Minuten vorbereitet

10 Minuten Kochzeit

Für 2 Personen

- Die Nudeln nach den Anweisungen auf der Verpackung kochen.
- Die Kräuter hacken. Die Tomaten in kleine Würfel schneiden.
- Den Joghurt und das Gemüse in einer hitzebeständigen Schale mischen. Die Schale in ein Wasserbad stellen und den Joghurt darin erwärmen. Salzen und pfeffern.
- Den Kräuterjoghurt mit den abgegossenen Nudeln und den Tomatenwürfeln mischen. Einen Schuss Olivenöl darübergießen.

Penne mit Anchovis

Penne
200 g

Anchovis-Filets
x 5

Kapern
1 Esslöffel

Olivenöl
2 Esslöffel

Knoblauch
x 1 große Zehe

In 15 Minuten vorbereitet

10 Minuten Kochzeit

Für 2 Personen

- Die Anchovis und die Kapern hacken. Den Knoblauch fein hacken.
- In einer Pfanne 1 Esslöffel Öl bei mittlerer Hitze erhitzen. Den Knoblauch hinzugeben, dann die Anchovis und umrühren, bis sie binden und mit den Kapern und dem Olivenöl fast eine Paste bilden. Die Kapern und gegebenenfalls ein wenig Öl hinzufügen.
- Die Nudeln nach den Anweisungen auf der Verpackung kochen. Die Nudeln abgießen und eine Schöpfkelle von dem Kochwasser zurückbehalten und der Anchovis-Sauce hinzufügen. Die Sauce mit den Nudeln mischen.

Orecchiette mit Brokkoli und Blauschimmelkäse

In 10 Minuten vorbereitet

10 Minuten Kochzeit

Für 2 Personen

Orecchiette
200 g

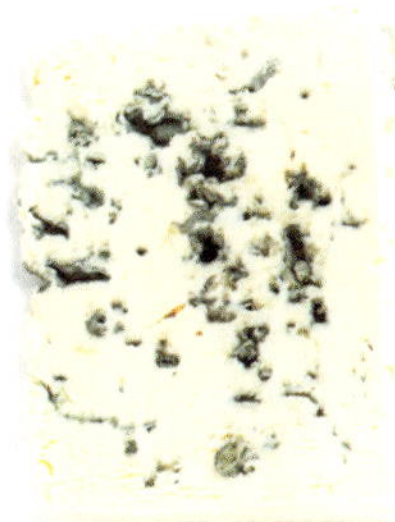

Blauschimmelkäse
100 g

Brokkoli
x 1 klein

- Den Brokkoli in Röschen zupfen. Diese Brokkoli-Röschen in einem Topf mit kochendem Wasser für 6 – 7 Minuten kochen. Sie müssen weich, aber bissfest ein. Abgießen und das Kochwasser aufbewahren. Abdecken, damit sie warm bleiben.

- Das Kochwasser wieder erhitzen, gegebenenfalls Wasser hinzufügen, darin die Nudeln 10 Minuten kochen lassen.

- Den Käse auf zwei große Teller schneiden oder bröckeln. Die Nudeln abgießen, zusammen mit dem Brokkoli auf die Teller geben und mischen. Gut pfeffern.

Penne mit Thunfisch

In 10 Minuten vorbereitet

10 Minuten Kochzeit

Für 2 Personen

Penne
200 g

Thunfisch natur
x 1 Dose

Boursin-Käse
x ½

Dill
ein paar Stiele

Kochsahne
2 Esslöffel

- Die Nudeln nach den Anweisungen auf der Verpackung kochen.
- Den Dill fein hacken.
- In einer Schale den Thunfisch, den Käse und die Sahne mit einer Gabel vermischen. Den Dill hinzugeben und mischen.
- Die Nudeln abgießen und mit der Sauce mischen.

Spaghetti mit Ziegenkäse und Oliven

In 20 Minuten vorbereitet

10 Minuten Kochzeit

Für 2 Personen

Spaghetti
200 g

Oliven
40 g

Ziegenfrischkäse
200 g

glatte Petersilie
ein paar Stängel

getrocknete Tomaten
x 4

Frühlingszwiebeln
x 2

- Die Nudeln nach den Anweisungen auf der Verpackung kochen.
- Alle Zutaten fein hacken.
- In einer großen Schüssel mit Öl, etwas Salz und Pfeffer mischen.
- Die Nudeln abgießen, mit dem zerbröckelten Käse und diesem groben „Relish" als Sauce servieren.

Makkaroni mit Käse

In 10 Minuten vorbereitet

30 Minuten Kochzeit

Für 2 Personen

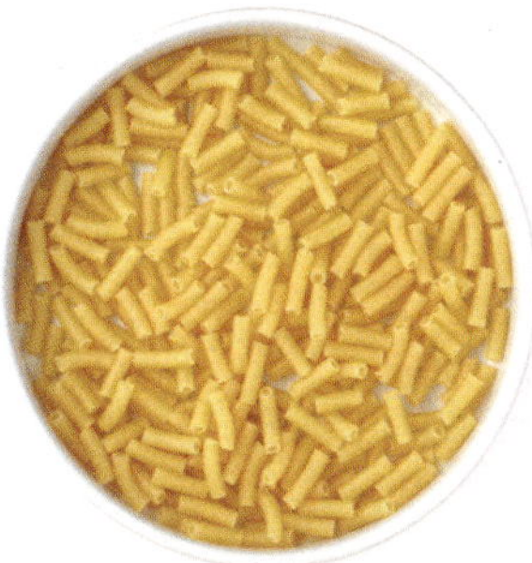

Makkaroni
80 g

Butter
20 g

Mehl
1 Esslöffel

Paniermehl
1 Esslöffel

Milch
200 ml

Comté-Käse
75 g

- Den Ofen auf 190°C vorheizen. Die Makkaroni kochen. Die Butter in einem Topf schmelzen. Das ganze Mehl dazugeben und mischen. Vom Herd nehmen, die Milch nach und nach hinzugeben und 4 – 5 Minuten unter Rühren weiter kochen.
- Den Käse reiben, 1 Esslöffel zurückbehalten, und den Rest zur Béchamelsauce geben. Mit den abgegossenen Makkaroni mischen.
- In eine eingefettete Auflaufform geben. Den restlichen Käse und das Paniermehl mischen, über die Nudeln streuen und im Ofen gratinieren lassen.

Bananensplit

Bananen
x 2

dunkle Schokolade
100 g

Kochsahne
400 ml

Schokoladeneis
x 2 Kugeln

Vanilleeis
x 2 Kugeln

Erdbeereis
x 2 Kugeln

In 20 Minuten vorbereitet

Ohne Kochen oder Backen

Für 2 Personen

- Die Schokolade raspeln. 200 ml Sahne in einem Topf erhitzen. Unmittelbar vor dem Aufwallen vom Herd nehmen, die Schokolade hinzufügen und umrühren, um sie zu glätten.
- Die Bananen schälen und halbieren.
- Die restliche Schlagsahne steif schlagen.
- Banane auf Teller legen, eine Kugel Eis neben die Banane setzen. Mit Schlagsahne garnieren und Schokosauce darübergießen. Nach Belieben mit geschälten gerösteten Mandeln bestreuen.

48

Vanilleeis Spezial

Vanilleeis
x 1 Packung

Toblerone®
100 g

Butter
15 g

Crème fraîche
50 g

In 5 – 10 Minuten vorbereitet

Ohne Kochen oder Backen

Für 1 oder 2 Personen

○ Die Toblerone® in Stücke brechen, in eine Schüssel geben und ein paar Minuten in der Mikrowelle schmelzen lassen.

○ Die Butter und die Crème fraîche hinzugeben und dann mischen.

○ Die Sauce auf dem Eis servieren.

49

Mont Blanc-Splitter

In 10 Minuten vorbereitet

Ohne Kochen oder Backen

Für 2 Personen

Baisers
x 4 kleine

Maronencreme
x 1 kleine Dose

Quark
250 g

Apfelkompott
100 g

Crème fraîche
6 Esslöffel

- Auf jeden kleinen Teller ein Baiser legen. Die gesamte Maronencreme auf die Baisers verteilen, dann die Crème fraîche verteilen.
- Den Quark mit einem Löffel im Behälter verrühren, dann das Kompott hinzufügen. Nur einmal umrühren.
- Diese Mischung auf die Zubereitung geben, dann ein zweites Baiser darauflegen.

Pudding mit Panettone

In 15 Minuten vorbereitet

40 Minuten Kochzeit

Für 4 Personen

Panettone
x 6 große Scheiben

Milch
500 ml

Eier
× 2

Zucker
2 Esslöffel

Butter
50 g

frische Früchte
125 g

- Den Ofen auf 190 °C vorheizen. Ein Backblech mit der gesamten Butter einfetten. Die Panettone-Scheiben halbieren. Aufrecht auf das Blech legen.
- Die Milch, die Eier und den Zucker in einer großen Schüssel aufschlagen (etwas Zucker zurückbehalten, der zum Schluss über den Pudding gestreut wird). Auf das Blech gießen.
- Für 35 Minuten in den Ofen geben. Die Oberseite muss aufgehen und goldgelb werden. Mit Zucker bestreuen. Die entstielten und in Scheiben geschnittenen Erdbeeren darauf verteilen.

Schokokuchen ohne Backen

In 25 Minuten vorbereitet
1 Nacht Ruhezeit

Ohne Kochen oder Backen

Für 2-3 Personen

Bretonisches Butterbiskuit
50 g

Kakaopulver
100 g

Zucker
50 g

Butter
100 g

Ei
x 1

gemahlene Mandeln
100 g

- Die Butter 1 – 2 Stunden vor der Zubereitung aus dem Kühlschrank nehmen, damit sie weich ist. Eine rechteckige Form mit 18 cm Durchmesser einfetten. Die Biskuits mit dem Messer hacken.
- Die weiche Butter, den Kakao und die gemahlenen Mandeln mischen. Den Zucker, 1 Esslöffel Wasser und das Ei hinzugeben. Gut mischen. Die Biskuitstücke hinzufügen.
- In die Form gießen, glätten und über Nacht im Kühlschrank lassen.
- In sehr feine Scheiben schneiden.

Zitronenschnitte

In 20 Minuten vorbereitet

1 Stunde Backzeit

Für 6 Personen

Eier
x 2

Mehl
120 g

Zucker
140 g

Zitronen
x 4

Butter
80 g

Puderzucker
30 g

- Eine rechteckige Form einfetten. 75 g Mehl und 1 Esslöffel Zucker mischen. 65 g in Würfel geschnittene Butter hinzufügen. Einen Teig kneten. In die Form verteilen. Für 20 Minuten bei 160 °C in den Ofen geben.
- Die Zitronen pressen. Die Eier und 125 g Zucker aufschlagen. 80 ml Zitronensaft und 3 Esslöffel gesiebten Zucker hinzufügen. Aufschlagen.
- Die Zitronenmischung auf dem Teig verteilen und für 35 Minuten bei 150 °C in den Ofen geben. Abkühlen lassen und in Scheiben schneiden. Mit Puderzucker bestreuen.

Milchgrieß

In 5 Minuten vorbereitet

10 Minuten Kochzeit

Für 2 Personen

Milch
500 ml

feiner Grieß
4 Esslöffel

Zucker
1 Esslöffel

- Die Milch erhitzen. Wenn sie kocht, vom Herd nehmen, den Grieß einrieseln lassen und gut mischen. Den Zucker hinzufügen.
- Wieder auf den nicht mehr so heißen Herd geben und stetig rühren, bis der Grieß eindickt.
- Sofort mit einem Löffel Konfitüre servieren oder in Schälchen füllen und abkühlen lassen.

Clafoutis

rote Früchte
300 g

Zucker
50 g

Kochsahne
200 ml

Mehl
75 g

Milch
200 ml

Butter
25 g

In 20 Minuten vorbereitet

40 Minuten Backzeit

Für 4 Personen

- Den Ofen auf 200°C vorheizen. Die Form mit einem Teil der Butter einfetten. Die Milch, die Schlagsahne, das Mehl, den Zucker und eine Prise Salz aufschlagen. Die Früchte auf ein Backblech legen. Die Mischung darübergießen.
- Die restliche Butter in Scheiben schneiden und auf dem Clafoutis verteilen. 35 – 40 Minuten in den Ofen geben, bis die Oberseite goldgelb ist.
- Tipp: Der Teig kann mit Vanille oder Orangenblütenwasser parfümiert werden.

Falscher Käsekuchen

In 30 Minuten vorbereitet

Ohne Backen

1 Nacht Ruhezeit

Für 4 Personen

Bretonische Mürbekekse
150 g

Quark
400 g

Zitrone
x 1

gezuckerte Kondensmilch
170 g

Butter
50 g

- Die Kekse zerkrümeln. Die Butter schmelzen. Vom Ofen nehmen und die Kekskrümel hinzufügen. Gut mischen. Die Mischung auf den Boden einer runden oder eckigen Form verteilen.
- Feine Zesten von der Zitrone schaben, dann auspressen.
- Den Quark mit ein wenig Zitronensaft und Kondensmilch mischen. Abschmecken und nach und nach Kondensmilch und Zitronensaft hinzufügen, um die gewünschte Mischung zu erhalten. Die Zesten hinzufügen. Auf den Boden aus Mürbekeksen gießen und über Nacht in den Kühlschrank stellen.

56

Teekuchen

In 20 Minuten vorbereitet

Ohne Backen

5 Stunden im Kühlschrank

Für 4 Personen

Thé®-Biskuits
x 1 Packung

Kaffee
x 1 Tässchen

Eier
x 3

Quark
400 g

Zucker
4 Esslöffel

Kakaopulver
1 Esslöffel

- Eine rechteckige Form mit Backpapier auslegen. Das Eiweiß vom Eigelb trennen. Quark, Zucker und Eigelb aufschlagen. Das Eiweiß zu Schnee schlagen. In die erste Mischung unterheben.
- Die Biskuits in den Kaffee tauchen und den Boden der Backform damit auslegen. Ein Drittel des Teigs hineingießen, eine Schicht getränkte Biskuits darauflegen und dann wieder eine Schicht Teig hineingießen. Dies fortsetzen, bis der gesamte Teig verbraucht ist. Mit Biskuits enden.
- 5 Stunden kaltstellen. Aus der Form nehmen. Mit Kakao bestreuen.

Apfel-Crumble

In 20 Minuten vorbereitet

50 Minuten Backzeit

Für 4 Personen

Äpfel
x 6

Zitrone
x 1

Mehl
150 g

Zucker
5 Esslöffel

gesalzene Butter
100 g

- Den Ofen auf 190°C vorheizen. Die Äpfel waschen, in Viertel schneiden, schälen und das Kernhaus entfernen. Die Äpfel auf ein Backblech setzen. Mit 1 Esslöffel Zucker bestreuen und 20 Minuten in den Ofen geben.
- Mehl, Zucker und in Stücke geschnittene Butter mischen. Mit den Fingern vermischen, um grobe Streusel zu erhalten.
- Die Crumble-Streusel auf den Äpfeln verteilen und erneut 30 Minuten in den Ofen geben. Abgekühlt oder kalt mit Sahne oder Eis servieren.

Kuchen – supereinfach

In 25 Minuten vorbereitet

45 Minuten Backzeit

Für 6 Personen

Birnen
x 4

Butter
140 g

Eier
x 3

Mehl
125 g

Zucker
90 g

Kokosflocken
2 Esslöffel

- Den Ofen auf 180 °C vorheizen. Eine tiefe Form einfetten. 130 g Butter schmelzen.
- Eier, Zucker und Salz aufschlagen. Die geschmolzene Butter und das Mehl hinzufügen.
- Die Birnen halbieren und das Kerngehäuse entfernen.
- Etwas Teig auf den Boden der Form gießen, die Früchte darauflegen, mit der Schnittseite nach unten, und den restlichen Teig darübergießen. Für 35 – 45 Minuten in den Ofen geben. Die Oberseite muss goldgelb sein. Nach Belieben Kokosraspeln darüberstreuen.

Obstkuchen

In 20 Minuten vorbereitet
30 Minuten Ruhezeit

35 Minuten Backzeit

Für 6 Personen

frische Himbeeren
100 g

Butter
140 g

Pfirsiche
x 6

Zucker
5 Esslöffel

Mehl
250 g

- Mit den Fingern Mehl, Salz und 130 g Butter verkneten. 3 Esslöffel Wasser hinzufügen und mit einem Messer mit runder Spitze vermischen. Eine Kugel formen, in Folie einwickeln und 30 Minuten kühlen.
- Die Pfirsiche waschen, entkernen und in Stücke schneiden. Den Ofen auf 190 °C vorheizen.
- Den Teig auf einer eingefetteten Platte rund auswalzen. Die Früchte darauflegen und dabei einen Rand freilassen. Mit Zucker bestreuen. Den Rand auf ein Drittel der Früchte hochziehen. Für 35 Minuten in den Ofen geben.

Knickerbocker Glory

In 15 Minuten vorbereitet

Ohne Kochen oder Backen

6 Stunden im Kühlschrank

Für 4 Personen

Erdbeer-Wackelpudding
x 1 Packung

Vanilleeis
500 ml

eingemachte Pfirsiche
x 1 Dose

Himbeerpüree
120 ml

Banane
x 1

Schlagsahne
x 1 Sprühflasche

- Den Wackelpudding nach den Anweisungen auf der Verpackung herstellen. In eine Schüssel geben. Abkühlen lassen und dann 6 Stunden in den Kühlschrank geben.
- Die Pfirsiche in Scheiben schneiden. Die Banane schälen und in Scheiben schneiden.
- Beim Servieren Wackelpudding, Pfirsichscheiben, ein paar Bananenscheiben, 1 Kugel Eis und Himbeerpüree in hohe Gläser füllen. Als letzte Schicht Sahne hinzufügen und eventuell bunte Streusel oder Schoko-raspeln darüberstreuen.

Mess

Baiser
x 1 großes

Quark
250 g

Crème fraîche
6 Esslöffel

frische Früchte
125 g

In 10 Minuten vorbereitet

Ohne Kochen oder Backen

Für 2 Personen

- Das Baiser in große Stücke brechen. Die Früchte waschen und alle Zutaten in eine Schüssel geben.
- Vorsichtig mischen. Nicht glattrühren, weil nur alle Zutaten gemischt und die Erdbeeren dabei möglichst wenig zerquetscht werden sollen.
- In 2 Gläser füllen. Kurz im Kühlschrank ruhen lassen.

Obst-Trifle

In 20 Minuten vorbereitet

Ohne Kochen oder Backen

Für 2 – 3 Personen

Orangen
x 2

frische Erdbeeren
250 g

Banane
x 1

griechischer Joghurt
x 1 Portion

Kochsahne
150 ml

Biskuit
x 2 Scheiben

- Die Orangen pressen. Die Biskuitscheiben auf den Boden von zwei Schalen legen. Den Orangensaft darübergießen.
- Die Erdbeeren waschen und entstielen. 2 ganze Erdbeeren aufbewahren und die restlichen in Scheiben schneiden. In die Schalen verteilen.
- Die Banane schälen, in Scheiben schneiden und auf den Erdbeeren verteilen.
- Die gut gekühlte Schlagsahne sehr steif schlagen. Den Joghurt hinzufügen. Über die Früchte gießen. Mit ganzen Erdbeeren dekorieren.

Jamaika-Trifle

In 20 Minuten vorbereitet

Ohne Kochen oder Backen

2 – 3 Stunden im Kühlschrank

Für 2 Personen

Ananas
× 1

Schlagsahne
300 ml

Zucker
3 Esslöffel

Löffelbiskuit
× 20

Rum
x 1 kleines Glas

Ananassaft
x 1 großes Glas

- Die Sahne in eine große Schüssel geben. Schlagen, bis sie fest ist. Den Zucker hinzufügen und erneut schlagen.
- Rum und Ananassaft mischen. Die Ananas schälen und in Scheiben schneiden. Die Biskuits in die Mischung aus Rum und Saft tauchen und eine Schicht auf den Boden einer großen durchsichtigen Schüssel legen.
- Eine Schicht Ananas legen, dann eine Schicht Creme. Erneut eine Schicht getränkte Biskuits, dann Ananas und Creme verteilen. Für ein paar Stunden in den Kühlschrank geben.

Flambierte Banane

In 5 Minuten vorbereitet

10 Minuten Kochzeit

Für 2 Personen

Bananen
x 2

Butter
15 g

Rohrzucker
1 Esslöffel

Zimtpulver
x 1 Prise

Rum
1 kleines Glas

- Die Bananen schneiden und der Länge nach halbieren.
- Die Butter in einer Pfanne bei mittlerer Hitze erhitzen. Die Bananen hineingeben und goldgelb backen. Den Zucker darüberstreuen und ein wenig karamellisieren lassen. Den Zimt darüberstreuen.
- Den Rum in einem großen Topf erhitzen, indem eine Flamme darunter platziert wird, dann anzünden und über die Bananen gießen. Sofort servieren.

65

Gebackene Früchte

In 20 Minuten vorbereitet

35 Minuten Backzeit

Für 2 – 3 Personen

Pfirsiche
x 5

Aprikosen
x 6

Brombeeren
x 20

Vanillezucker
1 Esslöffel

Zitrone
x 1

- Den Ofen auf 190 °C vorheizen. Die Früchte waschen, halbieren, die Kerne entfernen und die Früchte in Scheiben schneiden. Auf ein Backblech legen und mit Zucker überstreuen.
- Mit Hilfe eines Sparschälers Zesten von der Zitrone schaben. Diese in die Mitte der Früchte legen. Für 35 Minuten in den Ofen geben. Die Früchte müssen leicht weich und an den Rändern angebräunt sein.
- Die Beeren hinzufügen. Sie müssen einfach mit dem Saft der anderen Früchte benetzt werden. Warm oder kalt mit Eis, Joghurt oder Sahne servieren.

Bratäpfel

In 5 Minuten vorbereitet

25 – 40 Minuten Backzeit

Für 2 Personen

Äpfel
x 2

Butter
30 g

Zucker
1 Esslöffel

Quark
2 Esslöffel

Orangensaft
ein Schuss

Erdnüsse
x 1 Hand voll

- Den Ofen auf 190°C vorheizen. Die Äpfel waschen. Das Kernhaus entfernen. Dazu die Äpfel nicht zerschneiden, sondern mit einem spitzen Messer aushöhlen. Die Äpfel dabei möglichst nicht beschädigen.
- In die Aushöhlung jeden Apfels ein Stück Butter, ein kleines bisschen Salz, ein wenig Zucker und Orangensaft geben.
- Die Äpfel auf ein Backblech setzen und nach Geschmack 25 – 40 Minuten in den Ofen geben. Mit etwas Quark und zerstoßenen Erdnüssen servieren.

67

Birne Helene

In 10 Minuten vorbereitet

2 Minuten Kochzeit

Für 2 Personen

Birnen in Sirup
x 1 Dose

Florentiner
x ½ Packung

Schlagsahne
x 1 Sprühflasche

dunkle Schokolade
50 g

- Die Kekse in kleine Stücke brechen. Die Schokolade brechen und in eine Schüssel geben.
- Die Schokolade im Wasserbad schmelzen. Mischen, um sie glattzurühren.
- Die Hälfte der gut abgetropften Birnen auf zwei Teller legen. Mit steifer Sahne garnieren und den Florentiner-Stücken bestreuen. Schokoladenfond darüber gießen und in den Kühlschrank stellen, bis die Schokolade fest ist.

Falsches Eis

tiefgekühlte Himbeeren
300 g

frische Erdbeeren
300 g

griechischer Joghurt
x 2 Portionen

Zucker
2 Teelöffel

Crème fraîche
150 g

In 15 Minuten vorbereitet

Ohne Kochen oder Backen
2 Stunden im Gefrierfach

Für 2 Personen

- Die tiefgekühlten Himbeeren mit dem Joghurt mixen. Zucker hinzufügen und erneut vermischen.
- Die Erdbeeren waschen und entstielen. Sie mit etwas Zucker mixen und die Crème fraîche hinzufügen und mischen.
- Die Zubereitung in Eisformen für Eis am Stiel gießen. Einen Holzstiel in der Mitte jeder Form platzieren und für 30 Minuten in den Gefrierschrank stellen, falls tiefgekühlte Früchte verwendet werden; bei frischen Früchten 2 – 3 Stunden. Vor dem Servieren aus der Form nehmen.

Zitrusfruchtsalat

In 15 Minuten vorbereitet

Ohne Kochen oder Backen

Für 2 Personen

Grapefruit
× 1

Orangen
× 2

Clementinen
× 4

frischer Ingwer
x 1 kleines Stück

Zucker
2 Teelöffel

- ○ Die Grapefruit schälen. Die Spalten trennen und die weiße Haut davon entfernen.
- ○ Die Orangen von oben nach unten schälen und darauf achten, dass auch hier die weiße Haut entfernt wird. In Viertel schneiden.
- ○ Die Clementinen schälen und in 4 oder 6 Stücke schneiden.
- ○ Die Früchte in eine Schüssel geben und den sehr fein geriebenen Ingwer hinzufügen. Den Zucker darüberstreuen und mischen.

Was macht man womit?

ANANAS
Jamaika-Trifle 63

ANCHOVIS
Penne mit Anchovis 42

APFEL
Apfel-Croissant 11
Apfel-Crumble 57
Bratäpfel 66
Crumpets mit Apfel und Schinken 19
Geraspelte Karotten 3
Mont Blanc-Splitter 49

APRIKOSE
Gebackene Früchte 65

AVOCADO
Caprese mit Avocado 1
Club-Sandwich 30
Putenfilet mit Avocado 22

BAISER
Mess 61
Mont Blanc-Splitter 49

BANANE
Bananensplit 47
Flambierte Banane 64
Knickerbocker Glory 60
Lassi mit Bananen und Erdbeeren 12
Obst-Trifle 62

BASILIKUM
Caprese mit Avocado 1
Fusilli mit Pesto 40
Lassi mit Bananen und Erdbeeren 12
Vollkornnudelsalat 38

BIER
Burger nach Art des Hauses 31

BIRNE
Birne Helene 67
Kuchen - supereinfach 58

BISKUIT
Birne Helene 67
Falscher Käsekuchen 55
Jamaika-Trifle 63
Schokokuchen ohne Backen 51
Teekuchen 56

BLAUSCHIMMELKÄSE
Orecchiette mit Brokkoli und Blauschimmelkäse 43
Steak mit Blauschimmelkäse 20

BOURSIN-KÄSE
Penne mit Thunfisch 44

BROKKOLI
Orecchiette mit Brokkoli und Blauschimmelkäse 43

BROMBEEREN
Gebackene Früchte 65

BROT
Arme Ritter 10
Burger nach Art des Hauses 31
Butterbrot mit Erdbeeren 18
Club-Sandwich 30
Gazpacho 7
Makrelen-Brotaufstrich 5

BULGUR
Supersalat mit Hühnchen 32
Taboulé 2

BUTTER
Brownies 15
Rigatoni mit Zitrone 35
Sardinenbutter 4

CANTAL-KÄSE
Burger nach Art des Hauses 31

CLEMENTINE
Salat mit Zitrusfrüchten 69

COMTÉ-KÄSE
Crumpets mit Apfel und Schinken 19
Express-Kartoffeln 27
Makkaroni mit Käse 46

CROISSANT
Apfel-Croissant 11

CRUMPET
Crumpets mit Apfel und Schinken 19

DATTELN
Feinschmecker-Porridge 9

DILL
Penne mit Thunfisch 44

DOSENMILCH
Falscher Käsekuchen 55

EI
Arme Ritter 10
Club-Sandwich 30
Omelett 26
Pudding mit Panettone 50
Scones 14
Tagliatelle Carbonara 36
Vollkornnudelsalat 38

EIS
Bananensplit 47
Knickerbocker Glory 60
Vanilleeis Spezial 48

ERDBEEREN
Bananensplit 47
Butterbrot mit Erdbeeren 18
Falsches Eis 68
Lassi mit Bananen und Erdbeeren 12
Mess 61
Obst-Trifle 62
Pudding mit Panettone 50

ERDNÜSSE
Bratäpfel 66
Hummus 6

FRÜHLINGSZWIEBELN
Burger nach Art des Hauses 31
Spaghetti mit Ziegenkäse und Oliven 45
Taboulé 2

GEKOCHTER SCHINKEN
Makkaroni mit Käse 46

GELBE ZITRONE
Falscher Käsekuchen 55
Geraspelte Karotten 3
Rigatoni mit Zitrone 35
Zitronenschnitte 52

GETROCKNETE TOMATEN
Orecchiette mit Tomaten 39
Spaghetti mit Ziegenkäse und Oliven 45

GRAPEFRUIT
Salat mit Zitrusfrüchten 69

GRIESS
Milchgrieß 53

GRÜNE BOHNEN
Hühnerfilet mit Senf 21

GRÜNE CURRYPASTE
Grünes Curry mit Fisch 25

GRÜNE ZITRONE
Fisch „Tahiti" 24
Putenfilet mit Avocado 22
Super-Salsa für Nachos 8

GURKE
Fisch „Tahiti" 24
Gazpacho 7
Taboulé 2

HAFERFLOCKEN
Feinschmecker-Porridge 9
Flapjacks 13

HIMBEEREN
Clafoutis 54
Falsches Eis 68
Obstkuchen 59

HONIG
Flapjacks 13

JOGHURT
Falsches Eis 68
Lassi mit Bananen und Erdbeeren 12
Obst-Trifle 62
Spaghetti mit Joghurt 41

KAFFEE
Teekuchen 56

KAKAOPULVER
Schokokuchen ohne Backen 51
Teekuchen 56

KAPERN
Penne mit Anchovis 42

KAROTTE
Fisch „Tahiti" 24
Geraspelte Karotten 3

KARTOFFELN
Express-Kartoffeln 27
Schnelles Gratin Dauphinois 28

KICHERERBSEN
Hummus 6
Supersalat mit Hühnchen 32

KNOBLAUCH
Express-Spaghetti 34
Fusilli mit Pesto 40
Penne mit Anchovis 42

KOKOSMILCH
Fisch „Tahiti" 24
Grünes Curry mit Fisch 25
Korallensuppe 29

KORIANDER
Grünes Curry mit Fisch 25
Orecchiette mit Tomaten 39
Supersalat mit Hühnchen 32
Super-Salsa für Nachos 8

KREUZKÜMMEL
Grünes Curry mit Fisch 25
Korallensuppe 29

KÜMMEL
Supersalat mit Hühnchen 32

LACHS
Fisch „Tahiti" 24
Grünes Curry mit Fisch 25

LINSEN
Korallensuppe 29

MAKRELE
Makrelen-Brotaufstrich 5

MANDELN
Crumble mit Zucchini 33
Schokokuchen ohne Backen 51

MARONENCREME
Mont Blanc-Splitter 49

MILCH
Arme Ritter 10
Clafoutis 54
Crêpes 17
Makkaroni mit Käse 46
Milchgrieß 53
Pudding mit Panettone 50

MINZE
Butterbrot mit Erdbeeren 18
Omelett 26

MOZZARELLA
Caprese mit Avocado 1

NUDELN
Express-Spaghetti 34
Fusilli mit Pesto 40
Makkaroni mit Käse 46
Nudeln mit Rucola 37
Orecchiette mit Brokkoli und Blauschimmelkäse 43
Orecchiette mit Tomaten 39
Penne mit Anchovis 42
Penne mit Thunfisch 44
Rigatoni mit Zitrone 35
Spaghetti mit Joghurt 41
Spaghetti mit Ziegenkäse und Oliven 45
Tagliatelle Carbonara 36
Vollkornnudelsalat 38

NÜSSE
Flapjacks 13

OLIVEN
Spaghetti mit Ziegenkäse und Oliven 45

ORANGEN
Geraspelte Karotten 3
Obst-Trifle 62
Salat mit Zitrusfrüchten 69

PANETTONE
Pudding mit Panettone 50

PAPRIKA
Gazpacho 7
Orecchiette mit Tomaten 39

PARMESAN
Fusilli mit Pesto 40
Nudeln mit Rucola 37
Tagliatelle Carbonara 36

PEPERONI
Express-Spaghetti 34
Super-Salsa für Nachos 8

PETERSILIE
Spaghetti mit Ziegenkäse und Oliven 45
Taboulé 2

PFIRSICH
Gebackene Früchte 65
Knickerbocker Glory 60
Obstkuchen 59

PINIENKERNE
Fusilli mit Pesto 40

PUTE
Putenfilet mit Avocado 22

QUARK
Bratäpfel 66
Falscher Käsekuchen 55
Makrelen-Brotaufstrich 5
Mess 61
Mont Blanc-Splitter 49
Teekuchen 56

RINDFLEISCH
Burger nach Art des Hauses 31
Steak mit Blauschimmelkäse 20

ROHER SCHINKEN
Crumpets mit Apfel und Schinken 19

ROQUETTE-KÄSE
Nudeln mit Rucola 37

ROSINEN
Flapjacks 13

RUM
Flambierte Banane 64
Jamaika-Trifle 63

SARDINEN
Sardinenbutter 4

SCHINKEN
Club-Sandwich 30
Tagliatelle Carbonara 36

SCHNITTLAUCH
Makrelen-Brotaufstrich 5
Spaghetti mit Joghurt 41

SCHOKOLADE
Bananensplit 47
Birne Helene 67
Brownies 15
Cookies 16

SEELACHS
Panierter Fisch 23

SENF
Hühnerfilet mit Senf 21

SPINAT
Grünes Curry mit Fisch 25

STREICHKÄSE
Club-Sandwich 30

TABASCO
Nudeln mit Rucola 37
Putenfilet mit Avocado 22

THUNFISCH
Penne mit Thunfisch 44

TOMATEN
Caprese mit Avocado 1
Gazpacho 7
Orecchiette mit Tomaten 39
Spaghetti mit Joghurt 41
Super-Salsa für Nachos 8

WACKELPUDDING
Knickerbocker Glory 60

ZIEGENKÄSE
Spaghetti mit Ziegenkäse und Oliven 45

ZIMT
Flambierte Banane 64

ZUCCHINI
Crumble mit Zucchini 33

Die Originalausgabe erschien 2016 unter dem Titel: *Prix Mini Super Facile*

Postbus 72, 5330 AB Kerkdriel, Niederlande

Mit Ausnahme von Rezept 33 stammen die Rezepte aus *Cuisine de l'étudiant. Les basiques* (2010), *Cuisine pour débutants. Gâteaux et desserts* (2011) und *80 fiches recettes. Spécial étudiant* (2012).

Produktion der deutschsprachigen Ausgabe:
Tanja Timmerman vertaling & redactie
Übersetzung: Judith Muhr
Satz: Elixyz Desk Top Publishing

Printed in Slovenia

ISBN: 978-90-8998-828-7